VÖLKCHEN

&

WÖLKCHEN

QUARTETT

VIER JAHRESZEITEN

(O P T I O N)

. . .

EIN QUARTETT

.

PLUS KOMMENTAR

VERSION ALTE SCHULE

(F L A T T E R S A T Z)

Bibliografische Information der
Deutschen Nationalbibliothek:
Die Deutsche Nationalbibliothek
verzeichnet diese Publikation in
der Deutschen Nationalbibliografie;
detaillierte bibliografische Daten sind
im Internet über http://dnb.dnb.de
abrufbar.

Herstellung und Verlag:
BoD - Books on Demand, Norderstedt

ISBN: 978-3-7583-0671-6

FÜR DICH  MICH

HELLIGKEIT VS. TRÜBUNG, …

LEBEN IST GLEICH ÜBUNG ! …

IM GRUNDE TREUES,
GESUNDES NEUES ! …

VIER JAHR"ES"ZEITEN +

ES GEHT RUND - RUND GEHT ES ! ...

FRÜHLING.K SOMMER

SONNE HERBST BUNT

WOLKEN ETC. WINTER

DADAVOR ≠ DAHINTER ! …

WARUM ? ETWA NICHT ?

FAKTEN PRO BERICHT

VIER JAHR"ES"ZEITEN

TEXTPAKT = GEDICHT ! …

KEINER OHNE GESICHT

DUNKELHEIT UND LICHT

KEINER OHNE GEWICHT

NIEMAND IST ES NICHT ! …

ANDERE WIESO GLEICHE ?

LAUT LEISE ! GUTE REISE !

ARME XYZ SOWIE REICHE :

WER STELLT DIE WEICHE ? …

F A X : F A T A L

…

EIN- UND ODER AUSSTIEG

IN FARBRICHTUNG TEST !

…

TEILE & TEILCHEN, …

ÖFFENTLICHE & PRIVATE !

…

GIXGAX GENERALISIERT

& NICHTGENERALISIERT

ZERTIFIZIERTE FRÜCHTE

& NICHTZERTIFIZIERTE, …

LEGALISIERTE LEMONEN

UND NICHTLEGALISIERTE

MASKIERTE … MELONEN

UND … NICHTMASKIERTE !

…

ETWAS GEWISSES & GEWISS,

VIELLEICHT … UNGEWISS, …

UNGEWISS … VIELLEICHT, …

ETWAS, ODER NOCH ETWAS ? …

**GEFAHR IM VER(S)ZUG**

ZUG UM ZUG UM ZUG UM ZUG UM

ABZÜGLICH ANZÜGLICH
ANZÜGLICH ABZÜGLICH
ANZÜGLICH ABZÜGLICH
ABZÜGLICH ANZÜGLICH

ANZÜGLICH ABZÜGLICH
ABZÜGLICH ANZÜGLICH
ABZÜGLICH ANZÜGLICH
ANZÜGLICH ABZÜGLICH

ABZÜGLICH ABZÜGLICH
ANZÜGLICH ANZÜGLICH
ANZÜGLICH ANZÜGLICH
ABZÜGLICH ABZÜGLICH

ANZÜGLICH ANZÜGLICH
ABZÜGLICH ABZÜGLICH
ABZÜGLICH ABZÜGLICH
ANZÜGLICH ANZÜGLICH

GEFAHR IM VER(S)ZUG

ZUG UM ZUG UM ZUG UM ZUG UM

ANZÜGLICH ABZÜGLICH

ANZÜGLICH ABZÜGLICH

ABZÜGLICH ANZÜGLICH

ABZÜGLICH ANZÜGLICH

ABZÜGLICH ANZÜGLICH

ABZÜGLICH ANZÜGLICH

ANZÜGLICH ABZÜGLICH

ANZÜGLICH ABZÜGLICH

ABZÜGLICH ANZÜGLICH

ABZÜGLICH ANZÜGLICH

ABZÜGLICH ANZÜGLICH

ABZÜGLICH ANZÜGLICH

ANZÜGLICH ABZÜGLICH

ANZÜGLICH ABZÜGLICH

ANZÜGLICH ABZÜGLICH

ANZÜGLICH ABZÜGLICH

GEFAHR IM VER(S)ZUG

ZUG UM ZUG UM ZUG UM ZUG UM

ABZÜGLICH ANZÜGLICH
ANZÜGLICH ABZÜGLICH
ABZÜGLICH ANZÜGLICH
ANZÜGLICH ABZÜGLICH

ANZÜGLICH ABZÜGLICH
ABZÜGLICH ANZÜGLICH
ANZÜGLICH ABZÜGLICH
ABZÜGLICH ANZÜGLICH

ABZÜGLICH ABZÜGLICH
ABZÜGLICH ABZÜGLICH
ANZÜGLICH ANZÜGLICH
ANZÜGLICH ANZÜGLICH

ANZÜGLICH ANZÜGLICH
ANZÜGLICH ANZÜGLICH
ABZÜGLICH ABZÜGLICH
ABZÜGLICH ABZÜGLICH

F R Ü H L I N G

…

WINTER : … PASSE´

VETOTO … IN SPE

GRÜNER … KLEE :

SPENSTER … ADE ! …

KNOSPEN & TRIEBE

SIGNAL + E : LIEBE !

PRONTO : SKONTO :

WAS KOSTEN SIEBE ? …

BLÜTEN & PRACHT

KERZEN & STIELE :

GLÜTEN & FRACHT

HERZEN & SPIELE ! …

BLÄTTER & SPROSSEN

SPUR : TEMPERATUR :

ERDE ENTSCHLOSSEN

KONTUR : SIGNATUR ! …

...:...´ ... ...:...!... **&** + :::? ...

& & : **& &** ! ... **&** :::! ...

*SPRÜHRING(**E**) : KRACHEN, ...*
*FRÜHLING(**S**) : ERWACHEN ! ...*

AAAAAAAAA BBBBB C

CC DD EEEEEEEEEEEEEEEEE

EEEEEEEEEEEEEEEEEEEEEE FF

GGGGG HHHHH IIIIIIIII KKKKK

K LLLLLLLL M NNNNNNNNN

NNNNNNNN OOOOOOOOO

PPPPPPPPP RRRRRRRRRRRR S

SSSSSSSSSSSSSSSSSSSS TTTTTTTTT

TTTTTTTTT UUUUUUUU V WW

SINGULAR // PLURAL

…

AMEISE, MEISE AM A EISE

GUTEN TAG ! GUTE REISE

GUTEN TAG ! GUTE REISE

AMEISE, MEISE AM A EISE …

SCHMMMETTERLINK

SCHMMMETTERLING

QQUELLE BBBRÜCKE …

STSTTELLE LLLÜCKE …

LILIBELLE WWWESPE …

FLF.LIEGE MMMÜCKE …

RURUMMEL BBUMMEL …

TUTURBBO TTTUMMEL …

BÜBÜGEL FFFLÜ.GEL …

BIEBIENE HUHUMMEL …

SSPERLING VS. SSPATZ …

SPIEL, BALL UND SATZ …

NACHTIGALL HHALLL …

ALL, SCHALL, KRAWALL …

AMSEL, DROSSEL, FINK …

FUNK UND ODER STAR …

TEXT SSSONNENKLAR, -

WELT WWWUNDERBAR ! … +

S O M M E R

…

LAND MEER SEGEL

INSEL : SEE : KANAL

BANKETT BANNER

ANATOMIE FANAL ! …

STRAND PANORAMA

DUELLE : … APELLE

KOMÖDIE … DRAMA

WELLE : PRO WELLE ! …

VOKAL KRACH POKAL

LEGAL : EGAL : BANAL

ORAL SCHACH TOTAL

REGAL FACH NORMAL ! …

PSALTEN VERHALTEN

WALTEN : GESTALTEN

WESEN … MENSCHEN

FALTEN : ENTFALTEN ! …

... : : ! ... : ... ... : ! ... : : ! ... : ... : ...

MÖWENPICK : LÖWENTRICK, ...
LÖWENPICK : MÖWENTRICK ! ...

AA

AAAAAAAAAAAAAAAAAAAAAAA

AAAAAAAAAA BB CCCCC DDD

D EEEEEEEEEEEEEEEEEEEEEE

EEEEEEEEEEEEEEE FFFF GGG

G HHHHHH III KKKKK LLLLL

LLLLLLLLLLLLLLLLLLLLLLL MM

MMMMM NNNNNNNNNNNNNN

NNNNNNNN OOOOOOOOOOO

PPPPP RRRRRRRRRRR SSSSSSSS

S TTTTTTTTTTTTT U VV WWWW

PROVOKA(U)TION

…

ARME HABEN BEINE, …
REICHE AUCH ! ODER : …
REICHE HABEN BEINE, …
ARME E(R)GO AUCH ! …

FRUCHTEXPRESS

GEFALTET UND ODER NICHT,
EIN GERICHT, - EIN GEDICHT! +

LEMONEN MELONEN
MELONEN LEMONEN
MELONEN LEMONEN
LEMONEN MELONEN

MELONEN LEMONEN
LEMONEN MELONEN
LEMONEN MELONEN
MELONEN LEMONEN

LEMONEN LEMONEN
MELONEN MELONEN
MELONEN MELONEN
LEMONEN LEMONEN

MELONEN MELONEN
LEMONEN LEMONEN
LEMONEN LEMONEN
MELONEN MELONEN

FRUCHTEXPRESS

GEFALTET UND ODER NICHT,
EIN GERICHT, - EIN GEDICHT! +

LEMONEN MELONEN

LEMONEN MELONEN

MELONEN LEMONEN

MELONEN LEMONEN

MELONEN LEMONEN

MELONEN LEMONEN

LEMONEN MELONEN

LEMONEN MELONEN

LEMONEN MELONEN

LEMONEN MELONEN

LEMONEN MELONEN

LEMONEN MELONEN

MELONEN LEMONEN

MELONEN LEMONEN

MELONEN LEMONEN

MELONEN LEMONEN

FRUCHTEXPRESS

GEFALTET UND ODER NICHT,
EIN GERICHT, - EIN GEDICHT! +

LEMONEN MELONEN
MELONEN LEMONEN
LEMONEN MELONEN
MELONEN LEMONEN

MELONEN LEMONEN
LEMONEN MELONEN
MELONEN LEMONEN
LEMONEN MELONEN

LEMONEN LEMONEN
LEMONEN LEMONEN
MELONEN MELONEN
MELONEN MELONEN

MELONEN MELONEN
MELONEN MELONEN
LEMONEN LEMONEN
LEMONEN LEMONEN

H E R B S T

(*RHYTHMUS UND ODEN*)

BLATT UND BLATT :

FALLEN ZU BODEN

WIND UND WETTER, - …

ANDERE … MODEN ! … +

GRÜNE VISA ROTE :

SALTO PRO GELBE :

LEBENDE & TOTE :

NICHT DAS SELBE ! …

BLÄTTER ZERFALLEN :

GEFALLEN AM BODEN

SYMBOLIK MELODIEN

RHYTHMUS ET ! ODEN …

BLÜTEN & FRÜCHTE :

NICHT … WO AM AST :

KAUTION KONTRAST :

ERNTE, DANK & RAST ! …

: , - ... ... ! ... + : : **&** : ! ... : ! ... **&** :
... : : , **&** ! ...

ERNTE : ZEIT, MANCHMAL ...
ETWA ETWAS : ES GEDEIHT ! ...

AAAAAAAAAAAAAAAAA BB
BBBBBBBBB CCC DDDDDDDDD
D EEEEEEEEEEEEEEEEEEEEEE
EEEEEEEEEEEEE FFFF GGG H
HHHHH IIIIIII KKK LLLLLLLLLL
LLLLLL MMMMMM NNNNNNNN
NNNNNNNNNNNN OOOOOOO
OOOOOO P RRRRRRRRRRRRSSS
SSSSSSS TTTTTTTTTTTTTTTTTT
TTTTTT UUUUUUUU WWW YY Z

STILLLEBEN

...

BIRNEN, BEEREN, ...

APRIKOSEN, ROSEN, ...

PFLAUMEN, ÄPFEL, ...

NÜSSE, GENÜSSE, ...

INGWER, HOLLUNDER, ...

INGWER, - WER ? ... +

QUITTEN, QUITTUNGEN, ...

KÜRBIS, KÜRBISSE & CO. ...

GERADE SCHIEF …

HOCH TIEF …

BRIEF ! …

HERBST : NACHT …

KALTER MORGEN …

SONNE SCHIMMER …

WONNE SORGEN ! …

KOMPOSITION NOVEMBER

…

KOMPOST # KOMMT POST :

BALD NUN FROST ! …

…

ENTER KALENDER :

…

NORD SUED WEST & OST ! …

W I N T E R   ***

… ***

SCHNEE PLUS **EIS

SINUS MINUS PREIS

UND UND … ODER

KATALOG VERWEIS ! …

KLIMA … ENTGELT *

CHAOS* … GEHALT

ANSEHEN … *RANG

POSITION GESTALT ! …

GESCHEHEN *XXXL

WEISS EIS *GEWALT

PUNKT . … PUNKTE

FAKTOR „X" : KALT ! …

VITA *VOTUM VITAL

AUF ALLEN *WEGEN

HAUS UND … *HAUS :

REAL GOTTES SEGEN ! … *

*** … *** ** … ! … … * * … …*

! … * * . … „ " : ! … * * …* : ! …*

WINTER : ZEIT, MANCHMAL …
VIELLEICHT : ES SCHNEIT ! …

AAA
AAAAAAAAAAAAAAA CCC DDD
D EEEEEEEEEEEEEEEEEEEE
EEEEEE F GGGGGGGGGG HH
HHHHHH IIIIIIIIIII KKKKKK LL
LLLLLLLLLL MM NNNNNNNN
NNNNNNNNN OOOOOOO PPP
PP RRRRRRR SSSSSSSSSSSSSSSSSSS
TTTTTTTTTTTTTTTTTTT UUUUU
UUUUUUU VVVV WWWWW XXX

OHNE TITEL

...

EISBLUMEN BLUMENEIS

NEMULBSIE SIENEMULB

SIENEMULB NEMULBSIE

BLUMENEIS EISBLUMEN ...

__WINTER - RETNIW__ *

(LÄNGENGRAD - BREITENGRAD)

WINTER IM AM KREIS …

SIBIRIUM PRO POLAR * …

RRRUSSLAND ZZZAR …

(K)EIN KOMMENTAR ! * …

RÄDERCHEN : POST ***

GEFROREN : DICHTUNG

ÄDERCHEN *** FROST …

GLEIS GLEIS RICHTUNG ! …

SPIEGELUNG : SPIEGEL …

PREIS SIE : EIS BEWEIS * …

SPIEGEL : SPIEGELUNG …

EISKÖNIGIN KÖNIGIN EIS ! …

SCHNEE : FLÖCKCHEN ***

SCHNEE FLOCKEN TANZ

IDEE : *** GLÖCKCHEN …

IDEE GLOCKEN GLANZ ! * …

VÖLKCHEN VÖLKCHEN

ES GEHT RUND - RUND GEHT ES ! ... +

VÖLKCHEN VÖLKCHEN
VÖLKCHEN VÖLKCHEN
VÖLKCHEN VÖLKCHEN
VÖLKCHEN VÖLKCHEN

VÖLKCHEN VÖLKCHEN
VÖLKCHEN VÖLKCHEN
VÖLKCHEN VÖLKCHEN
VÖLKCHEN VÖLKCHEN

VÖLKCHEN VÖLKCHEN
VÖLKCHEN VÖLKCHEN
VÖLKCHEN VÖLKCHEN
VÖLKCHEN VÖLKCHEN

VÖLKCHEN VÖLKCHEN
VÖLKCHEN VÖLKCHEN
VÖLKCHEN VÖLKCHEN
VÖLKCHEN VÖLKCHEN

VÖLKCHEN VÖLKCHEN

ES GEHT RUND - RUND GEHT ES ! ... +

VÖLKCHEN VÖLKCHEN
VÖLKCHEN VÖLKCHEN
VÖLKCHEN VÖLKCHEN
VÖLKCHEN VÖLKCHEN

VÖLKCHEN VÖLKCHEN
VÖLKCHEN VÖLKCHEN
VÖLKCHEN VÖLKCHEN
VÖLKCHEN VÖLKCHEN

VÖLKCHEN VÖLKCHEN
VÖLKCHEN VÖLKCHEN
VÖLKCHEN VÖLKCHEN
VÖLKCHEN VÖLKCHEN

VÖLKCHEN VÖLKCHEN
VÖLKCHEN VÖLKCHEN
VÖLKCHEN VÖLKCHEN
VÖLKCHEN VÖLKCHEN

VÖLKCHEN VÖLKCHEN

ES GEHT RUND - RUND GEHT ES ! ... +

VÖLKCHEN VÖLKCHEN
VÖLKCHEN VÖLKCHEN
VÖLKCHEN VÖLKCHEN
VÖLKCHEN VÖLKCHEN

VÖLKCHEN VÖLKCHEN
VÖLKCHEN VÖLKCHEN
VÖLKCHEN VÖLKCHEN
VÖLKCHEN VÖLKCHEN

VÖLKCHEN VÖLKCHEN
VÖLKCHEN VÖLKCHEN
VÖLKCHEN VÖLKCHEN
VÖLKCHEN VÖLKCHEN

VÖLKCHEN VÖLKCHEN
VÖLKCHEN VÖLKCHEN
VÖLKCHEN VÖLKCHEN
VÖLKCHEN VÖLKCHEN

VÖLKCHEN WÖLKCHEN

ES GEHT RUND - RUND GEHT ES ! ... +

VÖLKCHEN WÖLKCHEN
WÖLKCHEN VÖLKCHEN
WÖLKCHEN VÖLKCHEN
VÖLKCHEN WÖLKCHEN

WÖLKCHEN VÖLKCHEN
VÖLKCHEN WÖLKCHEN
VÖLKCHEN WÖLKCHEN
WÖLKCHEN VÖLKCHEN

VÖLKCHEN VÖLKCHEN
WÖLKCHEN WÖLKCHEN
WÖLKCHEN WÖLKCHEN
VÖLKCHEN VÖLKCHEN

WÖLKCHEN WÖLKCHEN
VÖLKCHEN VÖLKCHEN
VÖLKCHEN VÖLKCHEN
WÖLKCHEN WÖLKCHEN

VÖLKCHEN WÖLKCHEN

ES GEHT RUND - RUND GEHT ES ! … +

VÖLKCHEN WÖLKCHEN

VÖLKCHEN WÖLKCHEN

WÖLKCHEN VÖLKCHEN

WÖLKCHEN VÖLKCHEN

WÖLKCHEN VÖLKCHEN

WÖLKCHEN VÖLKCHEN

VÖLKCHEN WÖLKCHEN

VÖLKCHEN WÖLKCHEN

VÖLKCHEN WÖLKCHEN

VÖLKCHEN WÖLKCHEN

VÖLKCHEN WÖLKCHEN

VÖLKCHEN WÖLKCHEN

WÖLKCHEN VÖLKCHEN

WÖLKCHEN VÖLKCHEN

WÖLKCHEN VÖLKCHEN

WÖLKCHEN VÖLKCHEN

VÖLKCHEN WÖLKCHEN

ES GEHT RUND - RUND GEHT ES ! ... +

VÖLKCHEN WÖLKCHEN
WÖLKCHEN VÖLKCHEN
VÖLKCHEN WÖLKCHEN
WÖLKCHEN VÖLKCHEN

WÖLKCHEN VÖLKCHEN
VÖLKCHEN WÖLKCHEN
WÖLKCHEN VÖLKCHEN
VÖLKCHEN WÖLKCHEN

VÖLKCHEN VÖLKCHEN
VÖLKCHEN VÖLKCHEN
WÖLKCHEN WÖLKCHEN
WÖLKCHEN WÖLKCHEN

WÖLKCHEN WÖLKCHEN
WÖLKCHEN WÖLKCHEN
VÖLKCHEN VÖLKCHEN
VÖLKCHEN VÖLKCHEN

WÖLKCHEN VÖLKCHEN

ES GEHT RUND - RUND GEHT ES ! ... +

WÖLKCHEN VÖLKCHEN
VÖLKCHEN WÖLKCHEN
VÖLKCHEN WÖLKCHEN
WÖLKCHEN VÖLKCHEN

VÖLKCHEN WÖLKCHEN
WÖLKCHEN VÖLKCHEN
WÖLKCHEN VÖLKCHEN
VÖLKCHEN WÖLKCHEN

WÖLKCHEN WÖLKCHEN
VÖLKCHEN VÖLKCHEN
VÖLKCHEN VÖLKCHEN
WÖLKCHEN WÖLKCHEN

VÖLKCHEN VÖLKCHEN
WÖLKCHEN WÖLKCHEN
WÖLKCHEN WÖLKCHEN
VÖLKCHEN VÖLKCHEN

WÖLKCHEN VÖLKCHEN

ES GEHT RUND - RUND GEHT ES ! ... +

WÖLKCHEN VÖLKCHEN
WÖLKCHEN VÖLKCHEN
VÖLKCHEN WÖLKCHEN
VÖLKCHEN WÖLKCHEN

VÖLKCHEN WÖLKCHEN
VÖLKCHEN WÖLKCHEN
WÖLKCHEN VÖLKCHEN
WÖLKCHEN VÖLKCHEN

WÖLKCHEN VÖLKCHEN
WÖLKCHEN VÖLKCHEN
WÖLKCHEN VÖLKCHEN
WÖLKCHEN VÖLKCHEN

VÖLKCHEN WÖLKCHEN
VÖLKCHEN WÖLKCHEN
VÖLKCHEN WÖLKCHEN
VÖLKCHEN WÖLKCHEN

WÖLKCHEN VÖLKCHEN

ES GEHT RUND - RUND GEHT ES ! ... +

WÖLKCHEN VÖLKCHEN
VÖLKCHEN WÖLKCHEN
WÖLKCHEN VÖLKCHEN
VÖLKCHEN WÖLKCHEN

VÖLKCHEN WÖLKCHEN
WÖLKCHEN VÖLKCHEN
VÖLKCHEN WÖLKCHEN
WÖLKCHEN VÖLKCHEN

WÖLKCHEN WÖLKCHEN
WÖLKCHEN WÖLKCHEN
VÖLKCHEN VÖLKCHEN
VÖLKCHEN VÖLKCHEN

VÖLKCHEN VÖLKCHEN
VÖLKCHEN VÖLKCHEN
WÖLKCHEN WÖLKCHEN
WÖLKCHEN WÖLKCHEN

WÖLKCHEN WÖLKCHEN

ES GEHT RUND - RUND GEHT ES ! ... +

WÖLKCHEN WÖLKCHEN
WÖLKCHEN WÖLKCHEN
WÖLKCHEN WÖLKCHEN
WÖLKCHEN WÖLKCHEN

WÖLKCHEN WÖLKCHEN
WÖLKCHEN WÖLKCHEN
WÖLKCHEN WÖLKCHEN
WÖLKCHEN WÖLKCHEN

WÖLKCHEN WÖLKCHEN
WÖLKCHEN WÖLKCHEN
WÖLKCHEN WÖLKCHEN
WÖLKCHEN WÖLKCHEN

WÖLKCHEN WÖLKCHEN
WÖLKCHEN WÖLKCHEN
WÖLKCHEN WÖLKCHEN
WÖLKCHEN WÖLKCHEN

WÖLKCHEN WÖLKCHEN

ES GEHT RUND - RUND GEHT ES ! ... +

WÖLKCHEN WÖLKCHEN
WÖLKCHEN WÖLKCHEN
WÖLKCHEN WÖLKCHEN
WÖLKCHEN WÖLKCHEN

WÖLKCHEN WÖLKCHEN
WÖLKCHEN WÖLKCHEN
WÖLKCHEN WÖLKCHEN
WÖLKCHEN WÖLKCHEN

WÖLKCHEN WÖLKCHEN
WÖLKCHEN WÖLKCHEN
WÖLKCHEN WÖLKCHEN
WÖLKCHEN WÖLKCHEN

WÖLKCHEN WÖLKCHEN
WÖLKCHEN WÖLKCHEN
WÖLKCHEN WÖLKCHEN
WÖLKCHEN WÖLKCHEN

WÖLKCHEN WÖLKCHEN

ES GEHT RUND - RUND GEHT ES ! ... +

WÖLKCHEN WÖLKCHEN
WÖLKCHEN WÖLKCHEN
WÖLKCHEN WÖLKCHEN
WÖLKCHEN WÖLKCHEN

WÖLKCHEN WÖLKCHEN
WÖLKCHEN WÖLKCHEN
WÖLKCHEN WÖLKCHEN
WÖLKCHEN WÖLKCHEN

WÖLKCHEN WÖLKCHEN
WÖLKCHEN WÖLKCHEN
WÖLKCHEN WÖLKCHEN
WÖLKCHEN WÖLKCHEN

WÖLKCHEN WÖLKCHEN
WÖLKCHEN WÖLKCHEN
WÖLKCHEN WÖLKCHEN
WÖLKCHEN WÖLKCHEN

VERS SUCH AN ORDNUNG

PUNKT   PUNKT   PUNKT   !   ...

DANK AN ALLE,
DIE GEHOLFEN HABEN.

FRIEDEN   SEI   MIT   UNS   !

...

DENN WIR HABEN
HIER KEINE STADT,
DIE BESTEHEN BLEIBT,
SONDERN WIR SUCHEN
DIE KÜNFTIGE.

HEBRÄER 13 : 14